RAWFOOD & BEAUTY RECIPE 60

FOREWORD

　この本のレシピは「美しくキレイになりたい」あなたのためにあります。
　私がアメリカのローフード学校（LLCAI）でローフードの勉強をしたときに興味深い調理器に出会いました。それは食品を48度以下の低温で乾燥させて酵素を生かしたまま調理するフードディハイドレーター（食品乾燥機）という不思議な調理器でした。海外では自宅で保存料や添加物などを使用せずにドライフルーツや乾燥野菜、ジャーキー、ペットフードなどを作り置きする習慣があります。私はその不思議な調理器に心を引かれました。
　2007年に初めて北海道でローフードの専門店（ローフードカフェロハス）をオープンする際にも一早くアメリカからフードディハイドレーターを取り寄せて、それを使って作ったメニューを提供しました。多くの人々がこのメニューに驚き喜んでくれました。
　しかし、アメリカ製のフードディハイドレーターは日本のキッチンには大きすぎて音がうるさく、消費電力も高く、高価であるという弱点がありました。そこでそのような弱点を克服するために私が一から開発に携わった調理器がドライフードエアー（DFA）です。
　まず、ドライフードエアーは日本の家庭のキッチンに合ったサイズにし、音を静かにし、容易に操作ができるデジタル操作パネルにし、消費電力を抑え、適正な価格にすることを目標に開発されました。さらにローフード用の乾燥機能のみならずパンやケーキ、クッキー等を焼くことができるオーブン機能やノンフライヤーオーブン機能、送風機能も

搭載しました。その結果、食品を低温で乾燥させて作るローフード料理のほかにもマクロビオティック料理や様々なヘルシーで美味しいメニューを調理できる世界初の多機能調理器ドライフードエアーが完成したのです。

　今回は私のほかにも料理のスペシャリストである安藤夏代さんや堀川久美子さんと一緒にドライフードエアーで作るビューティーレシピを考案しました。このレシピはどれも健康や美容に役立ち、体が喜ぶキレイになるレシピばかりです。植物性の食材やスーパーフードを中心に作られた簡単で作りやすいレシピを多く掲載しています。また、植物性ではありませんが、ドライフードエアーを使って作るペットフードやおつまみの作り方も載せてみました。

　本書のレシピはより健康で美しくなりたい、キレイになりたいという方にお勧めのレシピです。またドライフードエアーをお持ちでない方でもオーブンをお持ちの方ならどなたでも作ることができる簡単なレシピも多く掲載していますのでお楽しみいただけると思います。

　本書を手にした読者の皆様が、このレシピを通して健康で喜びあふれる幸せなライフスタイルを手に入れていただければ幸いです。

土門大幸

CONTENTS

- 2 はじめに
- 4 目次
- 6 著者紹介
- 94 ローフード&ビューティレシピ作りにあると良いもの

DOMON'S RAWFOOD RECIPE

- 8 ハーブティー
- 9 ドライフルーツ
- 10 干し野菜
- 12 フラックスラップ
  チアシードブレッド
- 14 ロークレープ
- 16 フルーツレザー
- 18 ロークッキー
  カシュー／チョコレート／ココナッツ／シリアルコーヒー
- 20 エナジーバー
  フルーツグラノーラ／チェリーパイ
- 24 ライム／アップルシナモン
- 25 ココナッツ／カカオ
- 26 アップルウォルナッツ／アーモンドキャロブ&ゴジベリー
- 27 アサイーベリー／ブルーベリー
- 28 カシュークッキー／ジンジャーブレッド
- 29 チョコレートオレンジ／チョコレートミント
- 30 グラノーラ
- 32 おつまみ
  キャラメルナッツ
  スパイシーナッツ
  ビーフジャーキー
  鮭とば
- 34 ペットフード
  チアシードボーロ
  フラックスボーロ

ANDO'S BEAUTY FOOD RECIPE

- 36　カブ入りヘンプクリームグラタン
- 38　キノコの長芋グラタン
- 40　バオバブ入りココナッツミルクカレー
- 42　クミン入りレモンパエリヤ
- 43　干しキノコ入りおこわ
- 44　干し野菜と緑豆のスープ
- 45　根菜の醤油麹蒸し
  　　醤油麹
- 46　コリコリえのきのすき焼き鍋
  　　甘酒
- 48　蒸し人参の柚子胡椒和え
- 49　おからこんにゃくジャーキー
- 50　押し麦と干し野菜のカレーリゾット
- 52　自家製玄米おこげの熱々とろ〜りあんかけ
- 54　青菜と焼きキノコとキヌアの醤油和え
- 56　大豆ミートジャーキー
- 57　大豆ミートと牛蒡の黒胡椒煮
- 58　南瓜の豆腐キッシュ
- 60　大豆ミート甘辛せんべい
- 61　豆腐のワンタン焼き
- 62　米粉で作る芋餅
- 64　南瓜とさつま芋の塩麹レモン蒸し
  　　塩麹

HORIKAWA'S VEGAN SWEETS RECIPE

- 66　ココナッツボールクッキー
- 67　バナナ&くるみマフィン
- 68　オートミールレーズンクッキー
- 70　マカダミアナッツクッキー
- 71　ヴィーガンチーズクッキー
- 72　レモンブルーポピーシードパウンドケーキ
- 73　豆腐のスコーン
- 74　酒粕チーズケーキ
- 76　ブルーベリータルト
- 78　そば粉とごまのラングドシャ
- 79　クラッカー
- 80　パンプキンスフレチーズケーキ
- 82　アーモンドおからクッキー
- 84　フィナンシェ
- 85　ラスク
- 86　アップルパイ
- 88　ガトーショコラ
- 90　黒いちじくのソフトクッキー
- 92　塩麹と甘麹のショートブレッド
- 93　抹茶風味の米粉シフォンケーキ

ABOUT AUTHORS

RAWFOOD SPECIALIST IS...

HIROYUKI DOMON

BEAUTYFOOD SPECIALIST IS...

NATSUYO ANDO

VEGAN SWEETS SPECIALIST IS...

KUMIKO HORIKAWA

土門大幸

調理師、米国 LLCAI 公認ローフードシェフ＆インストラクター、JFAA 公認フードアナリスト。アースゲートインターナショナル株式会社代表取締役。1968 年北海道生まれ。外資系大手食品会社を経て、2007 年に札幌に北海道初となるローフード専門店「ローフードカフェロハス」をオープンする。ローフードシェフの養成校である米国リビングライト・カリナリー・アーツ・インスティテュート（LLCAI）で学び、同校公認のローフードシェフ＆インストラクターの資格を取得。その後全国各地で講演活動や料理教室、執筆活動などを行いローフードの普及に努めている。

著書には、『食べればキレイ！初めての簡単ローフードレシピ』（徳間書店）『野菜がごちそうになるビタミンごはん』（三笠書房）『ローフードシェフ Hiro が教える　まるごとそのまま野菜を食べようローフード・レシピ』（veggy books）がある。

安藤夏代

ベジタリアンフードセラピスト。1966 年北海道生まれ。製菓学校卒業後、実習助手、担任として 16 年間母校に勤務。1999 年、菜食に興味を持ち、精進レストラン『菜食健美』の料理教室に参加した際、菜食の素晴らしさと可能性を確信する。菜食の継続により、菜食は人にとって本来の食スタイルであると実感・体感し、2004 年、フリーとなり「NATS PLANNING」を立ち上げる。2012 年、米国コロラド州上級教育省認定スクール NTI カレッジ【日本校：ホリスティックカレッジ・オブ・ジャパン】にて、米国 NTI 認定栄養コンサルタントの資格を修了。札幌のベジタブルサロン「NABIO」を拠点に、全国各地で、ホリスティック栄養学が概念であるホリスティック・ビオ・フードを菜食で提唱し、講演、料理教室、メニュー開発、出張カフェなどを開催。

多くの方の「うれしい」「たのしい」「これが野菜でできるなんて！」がなによりもの原動力となっている。

堀川久美子

ヴィーガンスイーツブランド DAUGHTER BOUTIQUE 代表、ウェルネスフード研究家、一般社団法人酵素ファスティング研究委員会理事。1976 年新潟生まれ。OL、ニューヨークへの海外留職、ファッション業界 MD を経験したのち、中小企業診断士・研修講師として独立後、2014 年 DAUGHTER BOUTIQUE を立ち上げる。精白された小麦粉、精製された白砂糖、乳製品や卵など動物性の素材、化学物質を原料とした食品添加物などは使用せず、かわりに有機全粒粉、有機メープルシロップ、てんさい糖、植物油、スーパーフードなどを使用した、安心安全かつファッション性を兼ね備えたこころとからだにやさしい焼菓子を展開。オンラインショップ、青山ファーマーズマーケットなどマルシェイベント出店、商業施設への催事出店、百貨店・小売店・カフェへの卸売などを展開する傍ら、料理教室講師、食関連のイベント開催、酵素ファスティング・アドバイザー養成講座講師を務めるなど、食と健康をメインテーマに活動中。

DOMON'S
RAWFOOD RECIPE

ドライフードエアーの食品乾燥機能を活用したローフードレシピ。
48℃以上に加熱しないので、食べ物に含まれる酵素を壊しません。

ハーブティー

• 材料 •

お好みのハーブ……適量

• 作り方 •

1. ハーブの葉をちぎりメッシュトレーに敷き詰める。
2. 35度の温度に設定し、10時間乾燥して完成。

> はじめての方にはアップルミントやペパーミントがおすすめです。

ドライフルーツ

• 材料 •

お好みのフルーツ……適量

• フルーツ別の下ごしらえ •

オレンジ……5mm程度の厚さの輪切りにし、アガベシロップに浸す

キウイフルーツ……皮をむいて、5mm程度の厚さの輪切りにする

レモン……5mm程度の厚さの輪切りにし、生はちみつに浸す

リンゴ……4等分にして種を取り、5mm程度の厚さに切って塩水に浸す

• 作り方 •

1. ドライングシートを敷いたトレイの上にフルーツを並べ、最初の3時間は68度、その後48度で12時間乾燥させて完成。

> クイックモードでスタートするだけでOK！ 乾燥時間は目安なので時々固さを確認しながら時間を調整してください。

干し野菜

• 材料 •

お好みの野菜やキノコ……適量

• 野菜別の下ごしらえ •

大根……スパイラルスライサーで太い麺状にする

人参……スパイラルスライサーで太い麺状にする

トマト……5mm程度の厚さに切る

しいたけ……茎を切り取り傘だけにする

• 作り方 •

1. ドライングシートを敷いたトレイの上に野菜を並べ、最初の3時間は68度、その後48度で12時間乾燥させて完成。

> クイックモードでスタートするだけでOK！ 乾燥時間は目安なので時々固さを確認しながら時間を調整してください。

FLAX WRAPS
CHIA SEEDS BREAD

フラックスラップ

• 材料（トレイ2枚分）•

玉ねぎ……小2個、フラックスシード……100g、ヒマワリの種……100g、醤油……50cc、オリーブオイル……大さじ2

• 作り方 •

1. フラックスシードをブレンダーで粉末になるまで撹拌してボウルに移す。
2. ヒマワリの種をブレンダーで細かくなるまで撹拌して1のボウルに加える。
3. 玉ねぎの皮をむき適当な大きさに切りフードプロセッサーでみじん切りにして2のボウルに加える。
4. 3のボウルに醤油、オリーブオイルを加え全体が均等になるように混ぜ合わせる。
5. 4をドライングシートを敷いたトレイにのせ、スパチュラで厚さ3mm程度になるように平らに円形にのばす。
6. 最初の3時間は68度、その後48度で3時間乾燥させて、裏返しにしてドライングシートをはがす。
7. その後メッシュシートで更に48度で9時間程度乾燥させ、食べやすい大きさに切り分けて完成。

チアシードブレッド

• 材料（トレイ2枚分）•

チアシード……1カップ、ヒマワリの種……2カップ、にんにく（すりおろし）……1片、醤油……100cc、アガベシロップ……大さじ1、水……100cc

• 作り方 •

1. チアシードをブレンダーで粉末になるまで撹拌する。
2. ヒマワリの種をブレンダーで細かくなるまで撹拌する。
3. 1と2をボウルに入れ、その他の材料を加えてスパチュラで均等に混ぜ合わせる。
4. 3をドライングシートを敷いたトレイにのせ、スパチュラで厚さ3mm程度になるように平らに均等な四角形にのばす。
5. 最初の3時間は68度、その後48度で3時間乾燥させて、裏返しにしてドライングシートをはがす。
6. その後メッシュシートで更に48度で9時間程度乾燥させる。
7. 6を食べやすい大きさに切りお好みの野菜などを巻いて完成。

乾燥時間は目安なので時々固さを確認しながら時間を調整してください。

ロークレープ

• 材料（6枚分）•

バナナ……2本

フラックスシード……50g

メープルシロップ……小さじ1

ヒマラヤンソルト……1つまみ

シナモンパウダー……少々

水……100cc

• 作り方 •

1. ブレンダーにバナナ、フラックスシード、メープルシロップ、ヒマラヤンソルト、シナモンパウダー、水を入れ滑らかになるまで撹拌する。

2. 1をドライングシートを敷いたトレイに大さじ3程度の量を流し込みスパチュラで円形に薄くのばす。

3. 2をディハイドレーターで最初の3時間は68度、その後48度で3時間程度乾燥させて巻きやすい半生の状態にする。

4. 3にお好みでフルーツなどをトッピングして完成。

乾燥時間は目安なので時々固さを確認しながら巻きやすい半生の状態になるよう時間を調整してください。

フルーツレザー

キウイフルーツ／ブルーベリー／マンゴー／ストロベリー／チョコバナナ

• 材料（6枚分）•

▶チョコバナナ
バナナ……1本、カカオパウダー……小さじ1

▶キウイフルーツ
バナナ……1本、キウイフルーツ……1/2個

▶ストロベリー
いちご……100g

▶ブルーベリー
ブルーベリー……100g

▶マンゴー
マンゴー……100g

• 作り方 •

1. 各材料をブレンダーに入れなめらかなピューレ状になるまで撹拌する。

2. ドライングシートを敷いたトレイにそれぞれのピューレを流し込み楕円状に薄く広げる。

3. 2をディハイドレーターで最初の3時間は68度、その後48度で3時間程度乾燥させて巻きやすい半生の状態にする。

4. 3を筒状になるように手で巻いて完成。

乾燥時間は目安なので時々固さを確認しながら巻きやすい半生の状態になるよう時間を調整してください。

ロークッキー

•作り方•

1. 下ごしらえした生地を麺棒などを使って5mm程度の厚さに平らに伸ばしてクッキーの型で切り抜く。

2. 1をディハイドレーターのメッシュのトレイの上に均等に並べ、最初の3時間は68度、その後48度で12時間乾燥させて完成。

> クイックモードでスタートするだけでOK！ 乾燥時間は目安なので時々固さを確認しながら時間を調整してください。

（ カシューフレーバーの生地 ）

•材料（4枚分）•

カシューナッツ…100g、デーツ…50g、メープルシロップ…30cc

•下ごしらえ•

1. カシューナッツを3時間程度浸水し、水をしっかり切る。

2. 1をフードプロセッサーに入れ粒が細かくなるまで撹拌する。

3. 2にデーツとメープルシロップを入れ均等になるまでまぜる。

（ チョコレートフレーバーの生地 ）

•材料（4枚分）•

ヘーゼルナッツ…100g、デーツ…50g、カカオパウダー…10g、カカオニブ…小さじ1、メープルシロップ…30g、バニラエクストラクト…小さじ1/2

•下ごしらえ•

1. ヘーゼルナッツを8時間程度浸水し、水をしっかり切る。

2. 1をフードプロセッサーに入れ粒が細かくなるまで撹拌する。

3. 2にカカオパウダーとデーツ、メープルシロップ、バニラエクストラクトを入れ均等になるまでまぜる。

4. 3にカカオニブを入れてかるくまぜる。

（ ココナッツフレーバーの生地 ）

• 材料（4枚分）•

マカダミアナッツ…100g、ココナッツフレーク…30g、メープルシロップ…50g
バニラエクストラクト…小さじ1/2

• 下ごしらえ •

1 マカダミアナッツを3時間程度浸水し、水をしっかり切る。

2 1をフードプロセッサーに入れ粒が細かくなるまで撹拌する。

3 2にココナッツフレークとメープルシロップ、バニラエクストラクトを入れ均等になるまでまぜる。

（ シリアルコーヒーフレーバーの生地 ）

• 材料（4枚分）•

ピーカンナッツ…100g、メープルシロップ…50g、穀物コーヒー…大さじ2

• 下ごしらえ •

1 ピーカンナッツを3時間程度浸水し、水をしっかり切る。

2 1をフードプロセッサーに入れ粒が細かくなるまで撹拌する。

3 2にメープルシロップと穀物コーヒーを入れ均等になるまでまぜる。

FRUITS GRANOLA

CHERRY

エナジーバー

（ フルーツグラノーラ ）

• 材料（4本分）•

デーツ…100g、アーモンド…150g、レーズン…10g、グリーンレーズン…10g、ゴジベリー…10g

• 作り方•

1. アーモンドを8時間、デーツを3時間浸水して水を切る。
2. アーモンドをフードプロセッサーで粒が残る程度に撹拌し、撹拌後はボウルに移す。
3. デーツをフードプロセッサーで滑らかなペースト状になるまで撹拌する。
4. 2と3をスパチュラで均等に混ぜ合わせ、その他の材料をすべて入れて混ぜ合わせる。
5. 4を4等分にして手でお好みの形に整えて、ディハイドレーターで最初の3時間は68度、その後48度で12時間乾燥させて完成。

（ チェリーパイ ）

• 材料（4本分）•

デーツ…100g、マカダミアナッツ…150g、チェリーエッセンスオイル…2滴

• 作り方•

1. マカダミアナッツとデーツを3時間浸水して水を切る。
2. マカダミアナッツをフードプロセッサーで粒が残る程度に撹拌し、撹拌後はボウルに移す。
3. デーツをフードプロセッサーで滑らかなペースト状になるまで撹拌する。
4. 2と3をスパチュラで均等に混ぜ合わせ、チェリーエッセンスオイルを2滴入れて混ぜ合わせる。
5. 4を4等分にして手でお好みの形に整えて、ディハイドレーター1で最初の3時間は68度、その後48度で12時間乾燥させて完成。

エナジーバー共通

クイックモードでスタートするだけでOK！ 乾燥時間は目安なので時々固さを確認しながら時間を調整してください。

（ ライム ）

• 材料（4本分）•

デーツ…100g、アーモンド…150g、グリーンレーズン…20g、ライム…1/2個

• 作り方 •

1. アーモンドを8時間、デーツを3時間浸水して水を切る。
2. アーモンドをフードプロセッサーで粒が残る程度に撹拌し、撹拌後はボウルに移す。
3. デーツをフードプロセッサーで滑らかなペースト状になるまで撹拌する。
4. 2と3をスパチュラで均等に混ぜ合わせ、最後にグリーンレーズンとライムの絞り汁を入れて混ぜ合わせる。
5. 4を4等分にして手でお好みの形に整えて、ディハイドレーターで最初の3時間は68度、その後48度で12時間乾燥させて完成。

（ アップルシナモン ）

• 材料（4本分）•

デーツ…100g、ピーカンナッツ…150g、りんご…1/3個、シナモン…小さじ1/2

• 作り方 •

1. デーツとピーカンナッツを3時間浸水し水を切る。
2. ピーカンナッツをフードプロセッサーで粒が残る程度に撹拌し、撹拌後はボウルに移す。
3. デーツをフードプロセッサーで滑らかなペースト状になるまで撹拌する。
4. リンゴを小さなサイコロ状に切る。
5. 2に3と4、シナモンパウダーを入れ均等になるようにスパチュラで混ぜる。
6. 5を4等分にして手でお好みの形に整えて、ディハイドレーターで最初の3時間は68度、その後48度で12時間乾燥させて完成。

（ ココナッツ ）

• 材料（4本分）•

アガベシロップ…70g、カシューナッツ…150g、ココナッツフレーク…50g

• 作り方 •

1. カシューナッツを3時間浸水し水を切る。
2. カシューナッツをフードプロセッサーで粒が残る程度に撹拌し、撹拌後はボウルに移す。
3. 2にココナッツフレークとアガベを入れて均等になるようにスパチュラで混ぜる。
4. 3を4等分にして手でお好みの形に整えて、最初の3時間は68度、その後48度で12時間乾燥させて完成

（ カカオ ）

• 材料（4本分）•

デーツ…100g、アーモンド…150g、カカオパウダー…10g、マカパウダー…小さじ1/2、カカオニブ…5g

• 作り方 •

1. アーモンドを8時間、デーツを3時間浸水して水を切る。
2. アーモンドをフードプロセッサーで粒が残る程度に撹拌し、撹拌後はボウルに移す。
3. デーツをフードプロセッサーで滑らかなペースト状になるまで撹拌する。
4. 2に3をスパチュラで均等に混ぜ合わせ、カカオパウダー、マカパウダー、カカオニブを入れて混ぜ合わせる。
5. 4を4等分にして手でお好みの形に整えて、最初の3時間は68度、その後48度で12時間乾燥させて完成。

エナジーバー共通

クイックモードでスタートするだけでOK！ 乾燥時間は目安なので時々固さを確認しながら時間を調整してください。

（ アップルウォルナッツ ）

• 材料（4本分）•

デーツ…100g、くるみ…150g、レーズン…20g

• 作り方 •

1. くるみとデーツを3時間浸水して水を切る。
2. くるみをフードプロセッサーで粒が残る程度に撹拌し、撹拌後はボウルに移す。
3. デーツをフードプロセッサーで滑らかなペースト状になるまで撹拌する。
4. 2と3をスパチュラで均等に混ぜ合わせ、最後にレーズンを入れて混ぜ合わせる。
5. 4を4等分にして手でお好みの形に整えて、最初の3時間は68度、その後48度で12時間乾燥させて完成。

（ アーモンドキャロブ&ゴジベリー ）

• 材料（4本分）•

デーツ…100g、アーモンド…150g、ゴジベリー…20g、キャロブパウダー…10g

• 作り方 •

1. アーモンドを8時間、デーツを3時間浸水して水を切る。
2. アーモンドをフードプロセッサーで粒が残る程度に撹拌し、撹拌後はボウルに移す。
3. デーツをフードプロセッサーで滑らかなペースト状になるまで撹拌する
4. 2と3をスパチュラで均等に混ぜ合わせ、ゴジベリーとキャロブパウダーを入れて混ぜ合わせる。
5. 4を4等分にして手でお好みの形に整えて、最初の3時間は68度、その後48度で12時間乾燥させて完成。

（ アサイーベリー ）

• 材料（4本分） •

デーツ…100g、アーモンド…150g、アサイーパウダー…大さじ1、ブルーベリー…30g

• 作り方 •

1. アーモンドを8時間、デーツを3時間浸水して水を切る。
2. アーモンドをフードプロセッサーで粒が残る程度に撹拌し、撹拌後はボウルに移す。
3. デーツをフードプロセッサーで滑らかなペースト状になるまで撹拌する。
4. 2と3をスパチュラで均等に混ぜ合わせ、アサイーパウダーとみじん切りにしたブルーベリーを入れて混ぜ合わせる。
5. 4を4等分にして手でお好みの形に整えて、最初の3時間は68度、その後48度で12時間乾燥させて完成。

（ ブルーベリー ）

• 材料（4本分） •

デーツ…100g、くるみ…150g、ブルーベリー…50g

• 作り方 •

1. くるみとデーツを3時間浸水して水を切る。
2. くるみをフードプロセッサーで粒が残る程度に撹拌し、撹拌後はボウルに移す。
3. デーツをフードプロセッサーで滑らかなペースト状になるまで撹拌する。
4. 2に3をスパチュラで均等に混ぜ合わせ、みじん切りにしたブルーベリーを最後に入れて混ぜ合わせる。
5. 4を4等分にして手でお好みの形に整えて、最初の3時間は68度、その後48度で12時間乾燥させて完成。

エナジーバー共通

クイックモードでスタートするだけでOK！ 乾燥時間は目安なので時々固さを確認しながら時間を調整してください。

（ カシュークッキー ）

• 材料（4本分）•

デーツ…100g、カシューナッツ…150g、アガベシロップ…30g

• 作り方 •

1. カシューナッツとデーツを3時間浸水して水を切る。
2. カシューナッツをフードプロセッサーで粒が残る程度に撹拌し、撹拌後はボウルに移す。
3. デーツをフードプロセッサーで滑らかなペースト状になるまで撹拌する。
4. 2と3をスパチュラで均等に混ぜ合わせ、アガベシロップを入れて混ぜ合わせる。
5. 4を4等分にして手でお好みの形に整えて、最初の3時間は68度、その後48度で12時間乾燥させて完成。

（ ジンジャーブレッド ）

• 材料（4本分）•

デーツ…100g、ピスタチオ…150g、生姜（すりおろし）…少々

• 作り方 •

1. ピスタチオとデーツを3時間浸水して水を切る。
2. ピスタチオをフードプロセッサーで粒が残る程度に撹拌し、撹拌後はボウルに移す。
3. デーツをフードプロセッサーで滑らかなペースト状になるまで撹拌する。
4. 2と3をスパチュラで均等に混ぜ合わせ、すりおろしの生姜を入れて混ぜ合わせる。
5. 4を4等分にして手でお好みの形に整えて、最初の3時間は68度、その後48度で12時間乾燥させて完成。

(チョコレートオレンジ)

• 材料（4本分）•

デーツ…100g、ヘーゼルナッツ…150g、カカオパウダー…10g、オレンジオイル…2滴

• 作り方 •

1. ヘーゼルナッツを8時間、デーツを3時間浸水して水を切る。
2. ヘーゼルナッツをフードプロセッサーで粒が残る程度に撹拌し、撹拌後はボウルに移す。
3. デーツをフードプロセッサーで滑らかなペースト状になるまで撹拌する。
4. 2と3をスパチュラで均等に混ぜ合わせ、カカオパウダーとオレンジオイルを加え混ぜ合わせる。
5. 4を4等分にして手でお好みの形に整えて、最初の3時間は68度、その後48度で12時間乾燥させて完成。

(チョコレートミント)

• 材料（4本分）•

デーツ…100g、アーモンド…150g、メープルシロップ…30g、ミントオイル…2滴

• 作り方 •

1. アーモンドを8時間、デーツを3時間浸水して水を切る。
2. アーモンドをフードプロセッサーで粒が残る程度に撹拌し、撹拌後はボウルに移す。
3. デーツをフードプロセッサーで滑らかなペースト状になるまで撹拌する。
4. 2に3をスパチュラで均等に混ぜ合わせ、メープルシロップとミントオイルを2滴加えて混ぜ合わせる。
5. 4を4等分にして手でお好みの形に整えて、最初の3時間は68度、その後48度で12時間乾燥させて完成。

エナジーバー共通

クイックモードでスタートするだけでOK！ 乾燥時間は目安なので時々固さを確認しながら時間を調整してください。

CARAMEL NUTS GRANOLA

FRUITS GRANOLA

グラノーラ

（ フルーツグラノーラ ）

• 材料（トレイ2枚分）•

メープルシロップ…100g、アーモンド…50g、カシューナッツ…50g、ヒマワリの種…50g、りんご…1/2個、レーズン…20g、ゴジベリー…20g、グリーンレーズン…20g

• 作り方 •

1. アーモンドを8時間、カシューナッツとデーツを3時間浸水して水を切る。
2. アーモンドとカシューナッツをフードプロセッサーで粒が残る程度に撹拌し、撹拌後はボウルに移す。
3. 2にメープルシロップとその他のすべての材料を入れて混ぜ合わせる。
4. 3をドライングシートを敷いたトレイに均等に敷き詰めて、最初の3時間は68度、その後48度で12時間乾燥させる。
5. 4が乾燥したら食べやすい大きさにほぐして完成。

（ キャラメルナッツグラノーラ ）

• 材料（分）•

アーモンド…150g、くるみ…50g、デーツ…150g、クランベリー…30g、シナモン…小さじ1/2

• 作り方 •

1. アーモンドを8時間、くるみとデーツを3時間浸水して水を切る。
2. アーモンドとくるみをフードプロセッサーで粒が残る程度に撹拌し、撹拌後はボウルに移す。
3. デーツをフードプロセッサーで滑らかなペースト状になるまで撹拌する。
4. 2と3をスパチュラで混ぜ合わせ、シナモンとクランベリーを加えてさらに混ぜ合わせる。
5. 4をドライングシートを敷いたトレイに均等に敷き詰めて、最初の3時間は68度、その後48度で12時間乾燥させる。
6. 5が乾燥したら食べやすい大きさにほぐして完成。

クイックモードでスタートするだけでOK！ 乾燥時間は目安なので時々固さを確認しながら時間を調整してください。

おつまみ

（ キャラメルナッツ ）

・材料（3人分）・

アーモンド…100g、カシューナッツ…100g、くるみ…100g、ココナッツシュガー…20g、メープルシロップ…30g

・作り方・

1. アーモンドを8時間、カシューナッツとくるみを3時間浸水してしっかり水を切る。
2. 1をボウルに移し、ココナッツシュガーとメープルシロップを入れてよく混ぜる。
3. 2のナッツをドライングシートを敷いたトレイにのせ均等に広げ、最初の3時間は68度、その後48度で12時間程度乾燥させてカリッとしたら完成。

（ 鮭とば ）

・材料（2人分）・

鮭切り身…2枚、塩…少々

・作り方・

1. 鮭の切り身を食べやすい大きさに切ってドライングシートを敷いたトレイに並べてのせ軽く塩をふる。
2. 最初の3時間は68度、その後48度で12時間程度乾燥させて完成。

（ スパイシーナッツ ）

・材料（2人分）・

ピーカンナッツ…100g、マカダミアナッツ…100g、カレーパウダー…大さじ2、醤油…大さじ1、ココナッツシュガー…大さじ1

・作り方・

1. ピーカンナッツとマカダミアナッツを3時間浸水してしっかり水を切る。
2. 1をボウルに移し、カレーパウダーと醤油、ココナッツシュガーを入れてよく混ぜる。
3. 2のナッツをドライングシートを敷いたトレイにのせ均等に広げ、最初の3時間は68度、その後48度で12時間程度乾燥させてカリッとしたら完成。

（ ビーフジャーキー ）

・材料（2人分）・

牛ばら肉…300g、醤油…小さじ1、生はちみつ…小さじ1、粗挽き胡椒…少々

・作り方・

1. 食べやすい薄さにカットされた牛ばら肉をボウルに入れ、生はちみつと醤油と粗挽き胡椒を入れて軽くもむ。
2. 1をドライングシートを敷いたトレイに並べてのせ、最初の3時間は68度、その後48度で8時間程度乾燥させて完成。

ペットフード

（ チアシードボーロ ）

• 材料（1食分）•

牛ひき肉…200g、チアシード…100g、塩…1つまみ

• 作り方 •

1. チアシードをブレンダーで粉末状にする。
2. ボウルに1のチアシード粉末と牛ひき肉と塩を1つまみ入れてよく混ぜる。
3. 2を2センチほどのボール状に丸める。
4. 3をドライングシートを敷いたディハイドレーターのトレイに並べてのせ、最初の3時間は68度、その後48度で12時間程度乾燥させて完成。

（ フラックスボーロ ）

• 材料（1食分）•

鶏ひき肉…200g、フラックスシード…100g、塩…1つまみ

• 作り方 •

1. フラックスシードをブレンダーで粉末状にする。
2. ボウルに2のフラックスシードの粉末と鶏ひき肉と塩を1つまみ入れてよく混ぜる。
3. 2を2センチほどのボール状に丸める。
4. 3をドライングシートを敷いたディハイドレーターのトレイに並べてのせ、最初の3時間は68度、その後48度で12時間程度乾燥させて完成。

> 乾燥時間は目安なので時々固さを確認しながら時間を調整してください。

ANDO'S
BEAUTY FOOD RECIPE

ドライフードエアーの食品乾燥機能とオーブン機能を使って作るビューティーフードレシピ。
面倒な煮込みや炊き込みも、オーブン機能にお任せすれば手間なしで作れます。

カブ入りヘンプクリームグラタン

• 材料（2人分）•

カブ（薄切り）…400g、ヘンプパウダー…大さじ3、無調整豆乳…200cc、米粉…大さじ1、塩…小さじ1/2、ヘンプナッツ…大さじ1、クルミ（粗く割る）…大さじ2

• ドライフードエアー温度設定 •

オーブン 230℃（上下）／余熱10分／焼成10分

• 作り方 •

1. カブに塩少々を全体にまぶし、5分程置いてしんなりさせてからカブの汁ごと耐熱容器に入れる。

2. ヘンプパウダー、無調整豆乳、米粉をよく混ぜ、フライパンに入れ木べらでよく混ぜながら強火で3分程煮詰める。さらに塩で味を整える。

3. 2を1に流し入れ、表面にヘンプナッツとクルミを散らし、オーブンで表面に焦げ目が付くまで焼く。

キノコの長芋グラタン

• 材料（2人分）•

お好みのキノコ（石づきをはずし、1口大に手で裂く）…150g、塩麹※…小さじ2、水…大さじ1、長芋（すりおろす）…150g、焼き海苔（手で2cm角位にちぎる）…1/4枚、太白胡麻油…大さじ1、醤油…小さじ1/2
※作り方はP64を参照

• ドライフードエアー温度設定 •

オーブン 230℃（上下）／余熱10分／焼成15～20分

• 作り方 •

1. キノコは油を敷いたフライパンで炒め、塩麹で味付け、水を加え乳化させ、キノコに火を通す。

2. 長芋に海苔、醤油を入れ混ぜる。

3. 耐熱容器に1を入れ、その上に2を乗せ、オーブンで表面が少し色づくまで焼く。

キノコは舞茸、エリンギ、えのき茸などが合います。塩麹がなければ塩少々でもOK!（その場合は、水を入れての乳化作業はしなくてよいです）

バオバブ入りココナッツミルクカレー

• 材料（2人分）•

干し野菜…30g、干しキノコ…10g、レンズ豆…大さじ3、ターメリック…小さじ1、クミンシード…小さじ1、鷹の爪…1本、ココナッツオイル…大さじ1、塩…小さじ1、トマト缶…60g、生姜（みじん切り）…3g、ココナッツミルク…50g、バオバブ…大さじ1、飾り用パクチー…適量

• ドライフードエアー温度設定 •

オーブン オーブン230℃（上下）／余熱10分／焼成20分

• 作り方 •

1. 耐熱容器に干し野菜、干しキノコと洗ったレンズ豆、水300ccを入れ20分程置く。

2. 熱したフライパンにココナッツオイルを敷き、クミンシード、鷹の爪を入れ炒める。クミンシードの香りが立ってきたら、生姜を入れ少し焦げ目がついたらトマト缶を加え、1分程炒める。

3. 耐熱容器に2とココナッツミルク、バオバブを混ぜたものを加え、蓋をしてオーブンで煮込む。

4. お皿に盛り、パクチーを添える。

干し野菜はキャベツ、人参、ズッキーニ、茄子、カブなどが合います。干しキノコにはエリンギ、しめじなどがおすすめです。P42のクミン入りレモンパエリヤと相性抜群です！

クミン入りレモンパエリヤ

• 材料（2人分）•

米…200g、クミンシード…小さじ1、レモン※…1個、水…190cc、ターメリック…小さじ1/2、塩…小さじ1/2〜小さじ1、太白胡麻油…大さじ1

※1/4は縦に5等分に切る。残りは絞ってレモン汁30ccに。

• ドライフードエアー温度設定 •

オーブン オーブン200℃（上下）／焼成30分

• 作り方 •

1. 米は洗って30分浸水させ、ザルに上げて水分を切る。

2. 熱したフライパンに太白胡麻油を敷き、クミンシードを入れ中火で炒める。クミンシードの香りが立ってきたら、1、塩を入れ更に2分程炒め、耐熱容器に入れる。

3. レモン汁、水、ターメリック、塩を混ぜ合わせて2に入れる。レモンを乗せて蓋をし、オーブンで炊く。

干しキノコ入りおこわ

• 材料（2人分）•

もち米…200g、お好みの干しキノコ…20g、干し人参…5g、甘栗…6粒、戻し汁（＋水）…190cc、醤油…大さじ2、塩…小さじ1/4、みりん…小さじ2

• ドライフードエアー温度設定 •

オーブン 200℃（上下）／余熱10分／焼成30分

• 作り方 •

1. もち米を洗って1時間浸水させ、30分以上ザルに上げておく。
2. 干し野菜類は200ccの水で30分程浸水させ戻した後、ザルに上げて余分な水分を切る（戻し汁は使用する）。
3. 2の戻し汁に水を足し190ccにして調味料を入れる。
4. 耐熱容器に全てを入れ、上に甘栗を乗せて蓋をし、オーブンで炊く。

干しキノコは椎茸、エリンギ、しめじ、舞茸などが合います。

干し野菜と緑豆の滋養スープ

• 材料（2人分）•

お好みの干し野菜…20g、お好みの干しキノコ…10g、緑豆…50g（カップ1/2）、水…500cc、塩…少々

• ドライフードエアー温度設定 •

オーブン 230℃（上下）／40〜50分

• 作り方 •

1. 緑豆は6時間以上浸水させておく（気温の高い時は冷蔵庫で）。
2. 耐熱容器に緑豆と塩以外の材料全て入れ蓋をし、オーブンで煮る。
3. 緑豆に火が通ったらオーブンから出し、塩で味を整える。

> 塩麹で味付けしても美味しいです。干し野菜、干しキノコから出汁が出るので、たくさん入れるとより美味しいです。

旬野菜の醤油麹蒸し

• 材料（2人分）•

お好みの野菜…300g、醤油麹（下記参照）…大さじ2、水…50cc、オリーブオイル※…少々、酢※…少々
※お好みで

• 醤油麹 •

麹…200g、水…100cc、醤油…250cc

耐熱容器に全てを入れ、蓋をして 乾燥 60℃で6時間温める。

• ドライフードエアー温度設定 •

オーブン 230℃（上下）／余熱10分／焼成15～20分

• 作り方 •

1. 野菜を食べやすい大きさに切る。
2. 醤油麹と水を混ぜて耐熱容器に入れる。
3. 2 に野菜を彩りよく並べ、蓋をしてオーブンで蒸す。
4. 蒸し上がったらお好みでオリーブオイルや酢を回しかける。

季節に合った旬の野菜でお楽しみください。

コリコリえのきのすき焼き鍋

• 材料（2人分）•

干しえのき…15g、干し椎茸…10g、干し大根…10g、干し人参…5g、緑豆春雨（10cm長さに切る）…10g、白菜（一口大のそぎ切り、葉は大きめに切る）…100g、春菊（4～5cm長さに切る）…50g、焼き豆腐（6等分に切る）…1/2丁、車麩（ぬるま湯で戻し、一口大に切る）…20g、だし昆布…2～3g（長さ10cm位）、水…150cc、醤油…大さじ3、甘酒（下記参照）…大さじ3、みりん…大さじ3、揚げ焼き用油…適量、長芋（すりおろし）…150～200g

• 甘酒 •

麹…200g、水…400cc

耐熱容器に入れ蓋をし、**乾燥** 60℃で5時間、70℃で20分温める。

• ドライフードエアー温度設定 •

オーブン 230℃（上下）／余熱10分／焼成20～30分

• 作り方 •

1. 車麩はしっかりと水気を絞り、フライパンに多めの油を入れ190℃に熱して揚げ焼きする。
2. 耐熱容器に昆布を敷き、春菊以外の材料全てを並べるように入れる。
3. 水、醤油、甘酒、みりんはボールで合わせてから、2に注ぎ入れ蓋をしてオーブンで加熱する。
4. 火が通ったらオーブンから出し春菊を加え、再び蓋をして余熱で春菊に1分程火を通す。
5. 長芋を絡ませながらいただく。

蒸し人参の柚子胡椒和え

• 材料（2人分）•

人参（長さ4cmくらいの格子木切り）…200g、醤油…大さじ1、柚子胡椒…小さじ1/2〜1

• ドライフードエアー温度設定 •

オーブン 230℃（上下）／焼成15分

• 作り方 •

1. 耐熱容器に人参と醤油を入れまんべんなく絡ませ、蓋をしてオーブンで蒸し焼きする。

2. 蒸し上がったら熱いうちに、柚子胡椒を和える。

おからこんにゃくジャーキー

• 材料（2人分）•

おからこんにゃく…1丁、水…100cc、生姜…10g、醤油…大さじ2.5、酢…小さじ1、みりん…大さじ2、アガベシロップ※…小さじ1、黒胡椒…少々
※メープルシロップ…小さじ2でも可

• ドライフードエアー温度設定 •

乾燥 60℃（上下）／乾燥6時間以上

• 作り方 •

1. おからこんにゃくの長い辺を厚さ5mm位に切り、鍋に全ての材料を入れて中火で水分がなくなるまで煮る。
2. 1の粗熱が取れてからドライングシートに並べて、乾燥させる。

> 食物繊維が豊富です！ 乾燥時間を変えることで、固さの違いを楽しめます。

押し麦と干し野菜のカレーリゾット

• 材料（2人分）•

お好みの干し野菜…30g、お好みの干しキノコ…10g、ターメリック…小さじ1、クミンシード…小さじ1、鷹の爪…1本、太白胡麻油…大さじ1、塩…小さじ1/2、生姜（みじん切り）…3g、トマト缶…100g（約1/2缶）、水…400cc、醤油…大さじ1.5、塩麹…小さじ1、アガベシロップ※…小さじ1、押し麦…80g

※メープルシロップ…小さじ2でも可

• ドライフードエアー温度設定 •

オーブン 230℃（上下）／余熱10分／焼成20分

• 作り方 •

1. 耐熱容器に干野菜、干キノコと水200ccを入れ、20分程置く。

2. フライパンに太白胡麻油を敷き、クミンシード、鷹の爪を入れ炒める。クミンシードの香りが立ってきたら、生姜を入れる。さらに1分程炒め生姜に少し焦げ目がついたらトマト缶を加え1分程炒める。

3. 1に2と押し麦、残りの調味料を加え混ぜ、蓋をしてオーブンで煮込む。

> 干し野菜はキャベツ、人参、ズッキーニ、茄子、カブなど、干しキノコはエリンギ、しめじなどが合います。

自家製玄米おこげの熱々とろ〜りあんかけ

• 材料（2人分）•

固めに炊いた玄米ご飯…300g、揚げ油…適量、お好みの干しキノコ（椎茸、エリンギ、しめじ等）…20g、白菜（芯は幅2cm長さ4cm位のそぎ切り、葉は大きめのざく切り）…150g、人参（厚さ5mm長さ4cm幅2cm位の短冊切り）…10g、絹ごし豆腐（1口大に切る）…1/2丁（150g）、生姜（みじん切り）…5g、干しキノコ戻し水…400cc、塩麹…小さじ1、味噌…大さじ2、醤油…大さじ1、みりん…大さじ2、葛粉…大さじ3、胡麻油…小さじ1、糸切り唐辛子…適量、お好みでラー油など…適量

• ドライフードエアー温度設定 •

おこげ… 乾燥 60℃／乾燥2時間（表裏各1時間）

あんかけ… オーブン 230℃（上下）／余熱10分／焼成20分

• 作り方 •

1. 玄米ご飯を8等分にして、手に水をつけ厚さ1cm位に軽く潰し、ドライングシートを敷いた乾燥用トレーに並べ、60℃で表側1時間、裏に返して1時間程乾燥させる。

2. 耐熱容器に干しキノコを入れ、分量の水400ccに30分以上浸水させておく。

3. 2に材料を全て入れる。

4. 葛粉は2の干しキノコの戻し水でよく溶き、胡麻油以外の調味料と共に3に入れ、蓋をしオーブンで煮る。

5. 4が煮上がったら、190℃の揚げ油で1をカラッと揚げる。

6. 器に揚げ立ての5を盛り、熱々の4をかけ、ごま油をかけ、糸切り唐辛子を盛りつける。お好みでラー油などをかけていただく。

青菜と焼きキノコとキヌアの醤油和え

• 材料（2人分）•

お好みのキノコ…100g、塩…小さじ1/4、青菜…100g、醤油…小さじ2、キヌア…1/4カップ、水…100cc

• ドライフードエアー温度設定 •

オーブン・送風 230℃（上下）／余熱10分／焼成10分

• 作り方 •

1. 石突きを切り落とし、手で食べやすい大きさに裂いたキノコに塩をまぶす。
2. オーブントレーにオーブンシートを敷き、キノコを並べて、中段に入れ焼く。
3. 10分経ったら、一度、キノコを混ぜ（場所により火通り加減が違うため）、再び同じ温度設定で8〜10分間焼く。キノコの水分が充分になくなったら取り出す。
4. 青菜は、塩少々を入れたお湯で茹で、素早く冷水に取りしっかりと水気を切って長さ3〜4cmに切る。
5. 醤油を 4 に入れ、まんべんなく混ぜる。
6. キヌアは鍋に入れ火にかけ、沸騰したら蓋をし、弱火にして15分程炊く。
7. キノコ、キヌアの粗熱が取れたら、青菜と和えて盛りつける。

> キノコはしめじ、えりんぎ、舞茸、椎茸などが合います。コンベクション機能（送風）を使うと、キノコの水分が飛び味が凝縮され、とっても美味しいです。キノコだけでも立派なおかずになります。柚子やスダチ等の柑橘をギュッと絞って。キヌアがなくても美味しいです。

大豆ミートジャーキー

• 材料（2人分）•

大豆ミートフィレタイプ…80g、生姜（薄切り）…30g、醤油…50cc、みりん…100cc、水…100cc

• ドライフードエアー温度設定 •

乾燥 60℃（上下）／3時間

• 作り方 •

1. 大豆ミートを鍋に入れ、浸る位の水を加え火にかけ、沸騰して5分したら火から下し、ザルで水切りする。

2. ボールに綺麗な水を用意し、1を手で挟む様にしてしっかりと水切りし、綺麗な水を張ったボウルに入れてゆすぐ（この作業を2〜3度繰り返し、大豆臭さを抜く）。最後に、しっかりと水気を絞る。

3. 全ての材料、調味料を鍋に入れ強火にかけ、沸騰したら中火にし、汁気がなくなるまで10〜15分程煮る。

4. 3の粗熱が取れたらドライングシートに並べ、2時間乾燥させ、表裏をひっくり返し、1時間乾燥する（好みの固さなるまで乾燥してください）。

大豆ミートと牛蒡の黒胡椒煮

• 材料(2人分) •

大豆ミートフィレタイプ…80g、生姜(薄切り)…30g、牛蒡(細めの乱切り)…100g、醤油…大さじ3強、アガペシロップ※…大さじ2、みりん…大さじ2、水…100cc、粗挽き黒胡椒…小さじ1/2
※メープルシロップ…大さじ3でも可

• ドライフードエアー温度設定 •

オーブン 230℃(上下)／余熱10分／焼成30分(蓋をして20分、外して10分)

• 作り方 •

1. 大豆ミートを鍋に入れ、浸る位の水を加え火にかけ、沸騰して5分したら火から下し、ザルで水切りする。

2. ボールに綺麗な水を用意し、1を手で挟む様にしてしっかりと水切りし、綺麗な水を張ったボウルに入れてゆすぐ(この作業を2〜3度繰り返し、大豆臭さを抜く)。最後に、しっかりと水気を絞る。

3. 耐熱鍋に全ての材料と調味料を入れ、蓋をしてオーブンで20分煮て、蓋を開けて10分煮る。

南瓜の豆腐キッシュ

• 材料（2人分）•

南瓜（皮付き一口大に切る）…150g、キャベツ（太めの千切り）…150g、絹ごし豆腐…1/2丁、無調整豆乳…100cc、塩麹※…小さじ2、醤油…小さじ1、塩…小さじ1/4、胡椒…小さじ1/4、太白胡麻油…小さじ1、南瓜の種…小さじ1、ヘンプナッツ…小さじ1、ニュートリショナルイースト…大さじ1

※作り方はP64を参照

• ドライフードエアー温度設定 •

オーブン 230℃（上下）／焼成15分（蓋をして10分、外して5分）

• 作り方 •

1. 絹ごし豆腐と無調整豆乳をブレンダーかホイッパーで滑らかになるまで混ぜ、塩麹、醤油を入れて味を整える。

2. 熱したフライパンに太白胡麻油を敷き、南瓜とキャベツを入れて炒め、塩、胡椒で濃いめに味付けをし、キャベツが少し透き通ったら火を止める。

3. 耐熱容器に 2 を入れ、その上に 1 を流し入れ、南瓜の種とヘンプナッツをトッピングし、蓋をして10分、蓋を外し5分、表面がきつね色になるまでオーブンで焼く。

大豆ミート甘辛せんべい

・材料・

大豆ミートスライスタイプ※…50g、甘だれ（下記参照）…大さじ2、黒煎り胡麻…大さじ1、カイエンペッパー…お好みで
※水で戻さずに使用

・甘だれ・

醤油50g、てん菜糖50gを鍋に入れ火にかけ、てん菜糖が溶けたら火を止める（沸騰して鍋から溢れ出ない様に注意する）。

・ドライフードエアー温度設定・

乾燥 60℃（上下）／15時間

・作り方・

1 大豆ミートスライスタイプ（乾燥状態）に、甘だれをまんべんなく絡め、黒煎り胡麻、カイエンペッパーをお好みで混ぜ、ドライングシートに並べ、触ってベタつきがなくなるまで乾燥させる。

豆腐のワンタン焼き

• 材料（2人分）•

厚揚げ…1丁、青じそ…8枚、焼き海苔…1枚、春巻きの皮…8枚、味噌…大さじ1、胡麻油…大さじ1、カイエンペッパー…お好みで

• ドライフードエアー温度設定 •

オーブン 180℃（上下）／焼成8〜10分

• 作り方 •

1. 厚揚げの長い方の辺を8等分に切る。
2. 味噌と胡麻油の合わせたものを1の表面に塗る（お好みで香辛料をふる）。
3. 青じそを2に巻き、更にワンタンの皮を巻き、8等分の幅に切った海苔を巻く（長い部分は切り落とし、水で濡らして留める）。
4. トースター用の焼き網に乗せて、焦がさない様に焼く。

米粉で作る芋餅

• 材料（2人分）•

じゃが芋（皮をむき厚さ1cm位に切る）…300g、塩…少々、水…じゃが芋が隠れるくらい、ローズマリー…1つまみ、米粉…大さじ2、刻みアーモンド…大さじ1、粗挽き黒こしょう…少々、オリーブオイル…少々

• ドライフードエアー温度設定•

オーブン 230℃（上下）／余熱10分／焼成15分

• 作り方 •

1. 鍋にじゃが芋と塩一つまみ、水を入れ火にかけ、茹でる（じゃが芋に竹串がスーッと通るまで）。茹で上がったら、強火にして余分な水分を飛ばす。

2. 1のじゃが芋をを木べらでマッシュし、米粉を混ぜ滑らかにする。この時に塩で味を調える。

3. 耐熱容器にオリーブオイル少々を塗り、4の芋餅を適当な大きさに丸め敷き詰め、刻みアーモンド、ローズマリー、粗挽き黒胡椒をトッピングして焼く。

4. 表面に焦げ目がついたら、オーブンから取り出し、熱いうちにオリーブオイルを回しがける。

> 芋餅は分けずに耐熱容器に固まりのまま敷き詰めてもOKです。

南瓜とさつま芋の塩麹レモン蒸し

• 材料（2人分）•

南瓜（皮付き2cm角に切る）…150g、さつま芋（皮付き2cm角に切る）…150g、レモン※…1個、塩麹（下記参照）…大さじ1
※1/2は絞る。1/2は皮付きのまま厚さ1cmイチョウ切りに。

• 塩麹 •

麹200g、塩70g、水200ccを耐熱容器に入れ、蓋をして 乾燥 60℃で6時間温める。

• ドライフードエアー温度設定 •

オーブン 230℃上下／余熱10分／焼成20〜30分

• 作り方 •

1. 全ての材料を混ぜ合わせ耐熱容器に入れ、蓋をして蒸し焼きにする。
2. 爪楊枝等で、南瓜とさつまいもを刺し、スーッと通れば出来上がり。

塩麹がない場合は、塩少々でもOK！

HORIKAWA'S
VEGAN SWEETS RECIPE

ドライフードエアーのオーブン機能で作るヴィーガンスイーツレシピ。
卵や乳製品、白砂糖は一切使わないから、とってもヘルシーです。話題のグルテンフリーもあります。

ココナッツボールクッキー

GLUTEN FREE

• 材料（約20個分）•

■DRY
オートミール（フードプロセッサーで細かく砕いておく）…80g、米粉…20g、ココナッツシュガー…20g、ココナッツファイン…30g、ココナッツフラワー…20g

■WET
ココナッツオイル…75cc、メープルシロップ…25cc、ココナッツミルク…40cc、葛粉（大さじ1の水で溶いておく）…10g

• 作り方 •

1. DRYとWETをそれぞれ別々のボウルに入れ、泡だて器で混ぜておく。

2. DRYにWETを合わせ、ゴムベラで切るように混ぜ、手でひとつにまとめる。

3. 1個あたり15g位の大きさに丸め、170度に熱したオーブンで15分焼いた後、160度に落としてさらに15分焼く。

> 天板にケーキ型の底など平らな金属製の板とクッキングシートを敷いた上に生地をのせると、きれいに仕上がります。

バナナ&くるみマフィン

GLUTEN FREE

• 材料（レギュラーサイズマフィン型約6個分）•

■DRY
米粉…135g、ガルバンゾフラワー…35g、ホワイトソルガムフラワー…35g、片栗粉…7g、ベーキングパウダー…10g、てんさいグラニュー糖…85g、タピオカ粉…5g、くるみ…60g

■WET
オリーブオイル…45cc、バナナ…150g、メープルシロップ…30cc、チアシード（70ccの水でふやかしておく）…12g、豆乳…90cc

• 作り方 •

1. バナナをフォークの背でつぶしておく。DRYとWETをそれぞれ別々のボウルに入れ、泡だて器で混ぜておく。

2. DRYにWETを合わせ、ゴムベラで切るように混ぜ、まとめる。

3. マフィン型にベーキングカップを敷き、スプーンで生地を詰める。180度に熱したオーブンで25分焼く。

オートミールレーズンクッキー

GLUTEN FREE

• 材料（約8枚分）•

■DRY
オートミール…50g、ガルバンゾフラワー…30g、片栗粉…10g、米粉…30g、ベーキングパウダー…2g、洗双糖…30g、塩…ひとつまみ、シナモン…2g、ナツメグ…ひとつまみ、レーズン…35g

■WET
グレープシードオイル…75cc、メープルシロップ…15cc、アップルソース…20g、葛粉（大さじ1の水で溶かしておく）…3g

• 作り方 •

1. DRYのレーズン以外の材料とWETをそれぞれ別々のボウルに入れ、泡だて器で混ぜておく。

2. DRYにWETを合わせ、ゴムベラで切るように混ぜ、レーズンを全体に混ぜた後手でひとつにまとめる。

3. 1個あたり50g位の大きさに丸め、手のひらで潰して成型する。170度に熱したオーブンで23分焼く。

> アップルソースはりんごの芯を取って皮を剥き、フードプロセッサーで粉砕しソース状にしたものです。生地がしっとりまとまりやすくなるので、ヴィーガンスイーツ作りには重宝します。

マカダミアナッツクッキー

GLUTEN FREE

• 材料（約10個分）•

■DRY
ガルバンゾフラワー…140g、ベーキングパウダー…2g、洗双糖…30g、塩…ひとつまみ、マカダミアナッツ…100g

■WET
キャノーラオイル…70cc、メープルシロップ…15cc、アップルソース※…20g、葛粉（大さじ1の水で溶かしておく）…3g
※作り方はP69を参照

• 作り方 •

1. マカダミアナッツは60gをフードプロセッサーで粉砕してダイス状にし、40gをかけらのまま残しておく。DRYとWETをそれぞれ別々のボウルに入れ、泡だて器で混ぜておく。

2. DRYにWETを合わせ、ゴムベラで切るように混ぜ、手でひとつにまとめる。

3. 食べやすい大きさ（28等分目安）に丸め、成型する。170度に熱したオーブンで15分焼く。

ヴィーガンチーズクッキー

GLUTEN FREE

• 材料（約20個分）•

■DRY
コーンフラワー…30g、アーモンドプードル…30g、米粉…30g、片栗粉…10g、ニュートリショナルイースト…15g、塩…3g

■WET
オリーブオイル…55cc、白みそ…10g、豆乳…10cc、水…大さじ1、葛粉（大さじ1の水で溶かしておく）…3g

• 作り方 •

1. DRYとWETをそれぞれ別々のボウルに入れ、泡だて器で混ぜておく。

2. DRYにWETを合わせ、ゴムベラで切るように混ぜ、手でひとつにまとめる。

3. 1個あたり50g位の大きさに丸め、手のひらで潰して成型する。160度に熱したオーブンで13分焼く。

レモンブルーポピーシードパウンドケーキ

GLUTEN FREE

• 材料（長さ18cmのパウンド型1個分）•

■DRY
ホワイトソルガムフラワー…80g、大豆粉…40g、洗双糖…55g、ベーキングパウダー…8g、ブルーポピーシード…4g

■WET
豆乳…110cc、キャノーラオイル…25cc、メープルシロップ…大さじ1、チアシード（大さじ2の水でふやかしておく）…6g、レモンの絞り汁…大さじ1、レモンピール※…30g
※絞った後のレモンの皮をフードプロセッサーで細かく砕いておく。

• 作り方 •

1. DRYとWETをそれぞれ別々のボウルに入れ、泡だて器で混ぜておく。

2. DRYにWETを合わせ、ゴムベラで切るように混ぜる。

3. クッキングシートを敷いたパウンド型に流し入れ、表面を整えてトントンと型を落として空気を抜く。180度に熱したオーブンで40分焼く。

豆腐のスコーン（プレーン／紅茶）

• 材料（約4個分）•

■DRY
スペルト小麦粉…100g、てんさい糖…40g、ベーキングパウダー…2g、（アールグレイティー茶葉…2g）、塩…少々

■WET
木綿豆腐※…80g、キャノーラオイル…25cc、ショートニング…20g、
※フードプロセッサーで撹拌してなめらかにしておく。

• 作り方 •

1 DRYとWETをそれぞれ別々のボウルに入れ、泡だて器で混ぜておく。

2 DRYにWETを合わせ、ゴムベラで切るように混ぜ、手でひとつにまとめる。

3 4つに分けてそれぞれ丸め、天板の上で少しつぶして形を整える。170度に熱したオーブンで23分焼く。

酒粕チーズケーキ

GLUTEN FREE

• 材料（直径15cmのケーキ型1個分）•

クラスト

■DRY
オートミール（フードプロセッサーで細かく砕いておく）…60g、
ホワイトソルガムフラワー…40g、洗双糖…20g、塩…少々

■WET
ショートニング…20g、キャノーラオイル…25cc、メープルシロップ…10cc

フィリング

■DRY
米粉…30g、片栗粉…10g、洗双糖…40g、塩…少々

■WET
カシューナッツ※…80g、豆乳ヨーグルト（布巾を張ったざるに入れ水気を切っておく）…200g、酒粕…30g、メープルシロップ…大さじ1、米油…25cc、白みそ…10g、レモンの絞り汁…小さじ1、葛粉（大さじ1の水で溶かしておく）…5g

※3時間以上浸水してやわらかくしたものに水80ccを加え、ミキサーでクリーム状にする。

• 作り方 •

1 クラストの材料のDRYとWETをそれぞれ別々のボウルに入れ、泡だて器で混ぜた後、DRYにWETを合わせ、ゴムベラで切るように混ぜる。ケーキ型の底に敷き詰め、表面を平らにならす。フォークで全体に穴をあける。

2 フィリングの材料のDRYをボウルに入れ泡だて器で混ぜておく。WETをフードプロセッサーに入れ、なめらかになるまで撹拌する。DRYにWETを合わせ、ゴムベラで切るようによく混ぜる。

3 クラストの上に流し入れ、表面を整えてトントンと型を落として空気を抜く。180度に熱したオーブンで40分焼いた後、170度に落として15分焼く。

ブルーベリータルト

• 材料（直径20cmのタルト型1個分）•

クラスト

■DRY
全粒薄力粉…100g、アーモンドプードル…30g、てんさい糖…20g、塩…少々

■WET
ショートニング…30g、キャノーラオイル…20cc

フィリング

■DRY
アーモンドプードル…100g、てんさい糖…30g、ベーキングパウダー…3g

■WET
キャノーラオイル…35cc、豆乳…60cc、バニラエクストラクト…1g

トッピング

ブルーベリー…180g

• 作り方•

1. クラストの材料のDRYとWETをそれぞれ別々のボウルに入れ、泡だて器で混ぜた後、DRYにWETを合わせ、ゴムベラで切るように混ぜる。タルト型の底と側面に均等に敷き詰め、表面を平らにならす。フォークで全体に穴をあける。

2. フィリングの材料のDRYとWETをそれぞれ別々のボウルに入れ、泡だて器で混ぜた後、DRYにWETを合わせ、よく混ぜ合わせる。

3. クラストの上に流し入れ、表面を整えたら、ブルーベリーを全体に敷き詰める。180度に熱したオーブンで40分焼く。

そば粉とごまのラングドシャ

GLUTEN FREE

• 材料（約20枚分）•

■DRY
すりごま…80g、そば粉…40g、てんさい糖…30g、塩…少々

■WET
米油…45cc、メープルシロップ…30cc、水…40cc

• 作り方 •

1. DRYとWETをそれぞれ別々のボウルに入れ、泡だて器で混ぜておく。

2. DRYにWETを合わせ、泡だて器でよく混ぜる。

3. 天板の上にクッキングシートを敷き、スプーンで生地を落とし、スプーンの背で薄く平らに広げる。150度に熱したオーブンで18分焼く。

クラッカー(プレーン/カレー)

GLUTEN FREE

• 材料(約20枚分) •

■DRY
ガルバンゾフラワー…50g、コーンフラワー…50g、塩…4g

※カレーフレーバーの場合はカレーパウダー…2g、クミンパウダー…2g

■WET
オリーブオイル…大さじ1、水…65cc

• 作り方 •

1. DRYとWETをそれぞれ別々のボウルに入れ、泡だて器で混ぜておく。

2. DRYにWETを合わせ、ゴムベラで切るように混ぜ、手でひとつにまとめる。

3. クッキングシートの上で生地を麺棒で5mmほどの厚さに伸ばす。包丁で食べやすい大きさにカットし、フォークの先で穴をあける。180度に熱したオーブンで15分焼く。

パンプキンスフレチーズケーキ

• 材料（直径15cmのケーキ型1個分）•

クラスト

全粒薄力粉…50g、アーモンドプードル…10g、てんさい糖…20g、ブラックココアパウダー…6g、塩…少々、キャノーラオイル…35cc

フィリング

■DRY
薄力粉…20g、かぼちゃフレーク…40g、塩…少々

■WET
絹ごし豆腐…350g、メープルシロップ…25cc、キャノーラオイル…25cc、レモン汁…小さじ1

• 作り方 •

1 クラストの材料をボウルに入れ、ゴムベラで切るように混ぜる。ケーキ型の底に敷き詰め、表面を平らにならす。フォークで全体に穴をあける。

2 フィリングのWETの材料をフードプロセッサーでなめらかになるまで撹拌する。DRYの材料を加え、しっかり混ざるまでさらに撹拌する。

3 クラストの上に流し入れ、表面を整えてトントンと型を落として空気を抜く。180度に熱したオーブンで45分焼く。

アーモンドおからクッキー

GLUTEN FREE

• 材料（約18枚分）•

■DRY
おからパウダー…40g、米粉…30g、アーモンドプードル…20g、洗双糖…20g、片栗粉…10g、塩…少々

■WET
米油…110cc、メープルシロップ…30cc、豆乳…20cc、葛粉（大さじ2の水で溶かしておく）…10cc

トッピング

スライスアーモンド（160度で4分ローストしておく）…50g、玄米水あめ…30g、ココナッツオイル…10g

• 作り方•

1. DRYとWETをそれぞれ別々のボウルに入れ、泡だて器で混ぜておく。

2. DRYにWETを合わせ、ゴムベラで切るように混ぜ、手でひとつにまとめる。

3. トッピングの材料を合わせ、アーモンドによく絡めておく。

4. クッキングシートの上で生地を麺棒で1cmほどの厚さに伸ばし、クッキー型で抜く。トッピングをのせ、軽く押しつけて生地に接着する。170度に熱したオーブンで25分焼く。

フィナンシェ

GLUTEN FREE

• 材料（約9個分）•

■DRY
米粉…50g、片栗粉…10g、アーモンドプードル…70g、洗双糖…60g、乾燥白あん…30g、ベーキングパウダー…3g、紫芋パウダー…5g、塩…少々

■WET
米油…100cc、豆乳…90cc、メープルシロップ…大さじ1、葛粉（大さじ1の水で溶かしておく）…5g

• 作り方 •

1 DRYとWETをそれぞれ別々のボウルに入れ、泡だて器で混ぜておく。

2 DRYにWETを合わせ、ゴムベラで切るように混ぜる。

3 フィナンシェ型に詰め、表面を平らにならす。200度に熱したオーブンで20分焼く。

ラスク

- 材料 •

水分を含む焼き菓子[※1]…適量、キャノーラオイル[※2]…適量、てんさいグラニュー糖…適量

※1 マフィン、パウンドケーキ、パンなど

※2 ココナッツフレーバーにする場合はココナッツオイルを適量

- 作り方 •

1. ラスクにしたい焼き菓子を包丁で適当な大きさにカットする。
2. 天板にクッキングシートを敷き、隙間を空けず並べる。スプーンでオイルを振りかけた後、てんさいグラニュー糖を振りかける。
3. 110度に熱したオーブンで60分焼く。

アップルパイ

• 材料（4個分）•

クラスト

■DRY
全粒薄力粉…200g、塩…少々

■WET
ピュアオリーブオイル…65cc、水…40cc、りんご酢…大さじ1

フィリング

りんご※…1/2個、ドライレーズン…20g、てんさいグラニュー糖…大さじ1、シナモン…大さじ1、レモンの絞り汁…小さじ2

※8等分のくし形に切り、皮をむいて芯を取った後、5mmほどにスライスする。

トッピング

フィリングの残り汁…適量、シナモン…少々

• 作り方 •

1. フィリングの材料をボウルに入れ、よく混ぜ合わせる。しばらくおいておくとりんごが少ししんなりしてくる。

2. クラストの材料のDRYとWETをそれぞれ別々のボウルに入れ、泡だて器で混ぜた後、DRYにWETを合わせ、ゴムベラで切るように混ぜる。クッキングシートの上で生地を麺棒で3mmほどの厚さに伸ばす。

3. 10cm×20cmにカットし、中央にフィリングをのせる。生地を両側からかぶせ、1cmほど中央で重ねて、指で生地をなじませて接着する。サイドの開いた口を指で押して接着し、フォークで模様をつける。表面にナイフでカットを入れ、フィリングの残り汁をスプーンで塗り、シナモンを振りかける。180度に熱したオーブンで25分焼く。

ガトーショコラ

GLUTEN FREE

・材料（長さ18cmのパウンド型1個分）・

■DRY
ガルバンゾフラワー（または大豆粉）…180g、てんさい糖…70g、ココアパウダー…12g、塩…少々

■WET
カカオマス…45g、ココアバター※…15g、木綿豆腐（フードプロセッサーでなめらかに撹拌しておく）…90g、キャノーラオイル…65cc、アーモンドミルク…55cc、メープルシロップ…35cc

※カカオマス、ココアバターを合わせ、湯煎で溶かしておく。

・作り方・

1. DRYとWETをそれぞれ別々のボウルに入れ、泡だて器で混ぜておく。
2. DRYにWETを合わせ、ゴムベラで切るように混ぜる。
3. クッキングシートを敷いたパウンド型に流し入れ、表面を整えてトントンと型を落として空気を抜く。180度に熱したオーブンで45分焼く。

黒いちじくのソフトクッキー

• 材料（約8個分）•

■DRY
全粒薄力粉…130g、てんさい糖…30g、ベーキングパウダー…2g、塩…少々

■WET
キャノーラオイル…50cc、豆乳…30cc、メープルシロップ…25cc、りんご酢…小さじ2、バニラエクストラクト…小さじ1

フィリング

ドライいちじく（ブラックミッション種）※…100g、ペカンナッツ（160度で5分ローストしておく）…20g

※ソフトタイプはそのまま使用、固い物なら3時間ほど浸水し、水分をふきとって使用する。

• 作り方 •

1. DRYとWETをそれぞれ別々のボウルに入れ、泡だて器で混ぜておく。フィリングのいちじくをフードプロセッサーで粉砕し、刻んだペカンナッツと合わせておく。

2. DRYにWETを合わせ、ゴムベラで切るように混ぜ、手でひとつにまとめる。クッキングシートの上で生地を麺棒で厚さ7mm、幅18cmほどになるよう伸ばす。

3. 中央に6cm幅でフィリングを敷き詰め、生地をかぶせて指でなじませ接着する。3cm幅にカットし、170度に熱したオーブンで25分焼く。

塩麹と甘麹のショートブレッド

• 材料（約12個分）•

■DRY
全粒薄力粉…200g
■WET
ショートニング…20g、米油…65cc、メープルシロップ…大さじ1、葛粉（小さじ2の水で溶かしておく）…6g

※塩麹フレーバーの場合は塩麹…50g

※甘麹フレーバーの場合は甘麹…50g

• 作り方 •

1. WETの材料をあらかじめ合わせておく。DRYにWETを合わせ、ゴムベラで切るように混ぜ、手でひとつにまとめる。

2. クッキングシートの上で生地を麺棒で厚さ1.5cmほどに伸ばす。包丁で2cm×6cmほどの大きさにカットし、竹串の平らな先でくぼみをつける。

3. 170度に熱したオーブンで18分焼く。

抹茶風味の米粉シフォンケーキ

GLUTEN FREE

• 材料（直径18cmのシフォンケーキ型1個分）•

米粉…200g、てんさい糖…50g、ベーキングパウダー…15g、抹茶…10g、豆乳※…400cc、米油…25cc、メープルシロップ…大さじ1

※大豆固形分12％以上のものを室温に戻しておく。

• 作り方 •

1. 深めのボウルに豆乳を入れ、湯煎にかけながらハンドミキサーで撹拌する。途中てんさい糖を加え、10分ほど撹拌すると泡が細かくなり、もったりとした質感になる。
2. 米油を加えなじませた後、あらかじめ合わせたDRYの材料を3回に分けて振るいながら混ぜ合わせる。
3. 170度に熱したオーブンで35分焼く。

EQUIPMENT AND STAPLES
ローフード&ビューティーレシピ作りにあると良いもの

ローフード&ビューティーレシピを作るときには、使う道具や食材に少しだけこだわってみてください。素材をできるだけオーガニックかつ無添加のものにすると、お料理の味がぐっと美味しくなるだけでなく、安心して食べられます。

ドライフードエアー

希望小売価格：45,000円（税別）
5段トレイタイプ

食品乾燥機能はもちろんのことオーブン機能も搭載し、ローフードやマクロビオティックのスイーツも作れる世界初[※]の多機能調理器。
※食品乾燥機カテゴリーの当社調べによる

クリーンベジフル

希望小売価格：1,500 円（税別）　300㎖（約１ヶ月分）

2 リットルの水にキャップ 1 杯を入れるだけで簡単に野菜や果物などの残留農薬や細菌を除去することができる天然素材の水溶液です。フードドライヤーでドライフルーツや乾燥野菜を作る前にクリーンベジフルに野菜や果物を浸けるだけで安全、安心です。

オーガニック生はちみつ

希望小売価格：2,800 円（税別）　250g
レモン／オレンジ／スラー

原始的な製法で加熱をせずに作られた本物の生はちみつです。イタリア政府公認の検査機関によるオーガニックおよび酵素活性の証明がされていて希少価値が高く、幻の味といわれています。

発売元：ロハススタイルジャパン株式会社

撮影	佐々木智治／鈴木直子	
デザイン	久保洋子	
編集＆スタイリング	中山由美	
撮影協力	NATS PLANNING	
	http://www.nats-planning.com	
	キルップトリ	
	http://www.kirpputori.jp	
	DAUGHTER DESIGNS	
	http://daughter-boutique.com	

食材および調理器のお問い合わせ

ローフード通販ショップ『ロハス』
http://www.rawfood-lohas.com
TEL：011-211-0839

菜食料理研究家おすすめの多機能調理器"ドライフードエアー"でつくる

RAWFOOD & BEAUTY RECIPE 60

著者　土門大幸／安藤夏代／堀川久美子
監修　一般社団法人日本ローフード協会
　　　https://rawfood-japan.org

2015年11月2日　初版発行
2020年10月9日　2版発行

発行人　吉良さおり
発行所　キラジェンヌ株式会社
　　　　〒151-0073　東京都渋谷区笹塚3-19-2 青田ビル2F
　　　　TEL：03-5371-0041
　　　　http://www.kirasienne.com

印刷・製本　モリモト印刷株式会社

Kirasienne 2020　Printed in Japan